Inhalt

Öko- und Social-Wear - Der neue Trend auf dem Bekleidungsmarkt

Kernthesen

Beitrag

Fallbeispiele

Weiterführende Literatur

Impressum

Öko- und Social-Wear - Der neue Trend auf dem Bekleidungsmarkt

I.Zeilhofer-Ficker

Kernthesen

- Für über die Hälfte der Verbraucher ist eine nachweislich ökologische Herkunft ein wichtiges oder sogar sehr wichtiges Kaufkriterium bei Nicht-Lebensmitteln.
- Im Textilbereich boomt Öko- und Social-Wear und immer mehr Modemarken kreieren hochmodische Kollektionen, die ökologisch und unter fairen Produktionsbedingungen hergestellt werden.
- Für Verwirrung sorgt allerdings die Tatsache, dass es bisher noch kein

einheitliches Qualitätszeichen für ökologisch und fair produzierte Textilien gibt.
- Den Baumwollbauern kommt der Trend zu Ökoprodukten zugute durch die Vermeidung von Pestiziden und Insektiziden leben sie nicht nur gesünder, sondern wirtschaften auch profitabler.

Beitrag

Konventionell hergestellte Kleidung kann krank machen manche Menschen reagieren auf den Chemikalien, die in der Kleidung enthalten sind, mit juckender Haut, mit Ekzemen oder Kopfschmerzen. Wer deshalb auf Öko-Mode ausweicht, muss sich nicht mehr mit Latzhosen und labbrigen T-Shirts zufrieden geben.

Öko- und Social-Wear im Trend

Nach Geiz ist geil kommt LOHAS (Lifestyle of Health and Sustainability), ein Lebensstil, nach dem nur noch gekauft wird, was gesund und nachhaltig ist. Auch das soziale Bewusstsein ist gestiegen und es wird vermehrt hinterfragt, unter welchen

Bedingungen das Produkt hergestellt wurde, das man gerade kaufen will. Laut einer Umfrage des Forsa-Instituts in Zusammenarbeit mit Fischer-Appelt legt über die Hälfte der deutschen Verbraucher Wert auf die ökologische Herkunft nicht nur bei Lebensmitteln, sondern auch bei Textilien, Kosmetika oder Möbeln. Vor allem bei besser Verdienenden ist Öko- und Social-Wear voll im Trend. Gekauft wird allerdings nach wie vor nur, was auch gut aussieht und modisch ist. Das labbrige T-Shirt mit Latzhose, das lange Jahre typisch für die Öko-Mode war, haben schon lange ausgedient und immer mehr Top-Designer haben Fair oder Ethical Fashion für sich entdeckt. (1), (2), (3), (4), (5)

Das Gesundheitsbewusstsein steigt. Berichte von schwerwiegenden Allergien oder anderen Gesundheitsproblemen, die durch Kleidungsstücke ausgelöst werden, schrecken viele Verbraucher ebenso wie Reportagen über pestizid- und insektizidverseuchte Baumwollfelder in der dritten Welt. Dazu sind Bilder von Kindern zu sehen, die unter höchst unsozialen Bedingungen auf den Feldern oder in den Textilfabriken arbeiten müssen. Die Zahl der kritischen Verbraucher, die deshalb vom Kauf der billigen Ramschware beim Discounter absieht, steigt weltweit an. (5), (6), (7), (8), (9)

Trotzdem liegt der Anteil von Kleidung aus

Biobaumwolle oder Biowolle in Deutschland noch bei unter einem Prozent. In den USA wurden 2005 Biobaumwollprodukte im Wert von 583 Millionen Dollar abgesetzt, bis 2008 soll sich der Umsatz auf 2,5 Milliarden Dollar erhöhen. Die Chancen stehen gut, denn immer mehr Modeunternehmen, darunter auch weltbekannte Marken wie Levis oder Marc OPolo starten Kollektionen aus Organic oder Green Cotton. Auch der Handel fragt Öko- und Social-Wear verstärkt nach. Bei der Otto-Group ist Nachhaltigkeit schon seit einigen Jahren wichtiges Thema und bei H & M werden vor allem Kinderkollektionen aus Biobaumwolle angeboten. Das in Deutschland für ökologische Kleidung führende Versandhaus Hess Natur konnte 2005 einen Umsatz von 56 Millionen Euro erzielen. Rund 400 Unternehmen befassen sich allein in Deutschland mit der Entwicklung und Herstellung von Naturmode, die in rund 600 Fachgeschäften, Versandhäusern und Online-Shops verkauft wird. (5), (9), (10), (11), (12)

Einheitliches Gütesiegel Fehlanzeige

Für den kritischen Verbraucher ist es allerdings nicht einfach herauszufinden, ob er wirklich ein ökologisch unbedenkliches, fair produziertes Kleidungsstück in der Hand hält. Zu viele verschiedene Gütesiegel gibt es, von denen ein jedes etwas anderes aussagt. Ein einheitliches Siegel wäre sehr wünschenswert, lässt aber noch auf sich warten. Zumindest gibt es seit Ende 2006 den Global Organic Textile Standard, der die Vereinheitlichung der internationalen Naturtextil-Standards zum Ziel hat. (6), (8), (13), (14)

Bei der Herstellung von konventionellen Stoffen kommen die verschiedensten Chemikalien zum Einsatz, z. B. zum Bleichen oder Färben oder zur besseren Handhabung. Dass die chemischen Rückstände im fertigen Kleidungsstück innerhalb der vorgegebenen Grenzwerte liegen, bestätigt der Öko-Tex Standard 100. Die Weiterentwicklung Öko-Tex 100plus untersucht zusätzlich die Produktionsverfahren. Der Internationale Verband der Naturtextilwirtschaft e. V. vergibt das Qualitätszeichen Naturtextil für Kleidungsstücke aus Naturfasern. Einen Überblick bietet die Web-Seite www.label-online.de, die die verschiedenen Zeichen in empfehlenswert und eingeschränkt empfehlenswert unterteilt. (13, (14), (15), (16)

Biobaumwolle Hauptbestandteil ökologischer Textilien

China, Indien, Pakistan, Usbekistan und USA liefern rund 75 Prozent der globalen Baumwollernte. 180 Millionen Menschen leben vom Baumwollanbau. Gleichzeitig werden 25 Prozent aller Insektizide und 11 Prozent aller Pestizide auf Baumwollfelder versprüht. Die Weltgesundheitsorganisation schätzt, dass es pro Jahr zu mindestens 300 000 Vergiftungsfällen durch Baumwoll-Pestizide kommt. Durch die hohe chemische Belastung sowie permanente Überdüngung ist der Wasserbedarf für die konventionelle Baumwollproduktion extrem hoch. (8), (17)

Beim kontrolliert biologischen Anbau von Baumwolle dagegen wird ganz auf chemische Gifte und Düngemittel verzichtet. Der den Boden schonende Anbau führt außerdem zu bis zu 25 Prozent Wasserersparnis. Die Produktionskosten verringern sich dadurch um dreizehn bis zwanzig Prozent. Zur Förderung des biologischen Anbaus haben einige Firmen in verschiedenen Ländern Biobaumwoll-Projekte ins Leben gerufen. Die Abnahme der kbA-Baumwolle (kbA=kontrolliert biologischer Anbau) wird garantiert. Außerdem wird ein höherer Preis bezahlt als für konventionelle Baumwolle. Zusätzlich leistet man in den ersten Jahren der Umstellung, in denen die Erträge niedriger sind als beim konventionellem Anbau, finanzielle Hilfestellung. Schon nach fünf Jahren lassen sich durch kbA-Anbau höhere Erträge erzielen und die Bauern melden um vier bis sechs Prozent höhere Gewinne. Für viele Bauern sind diese Argumente die überzeugendsten. (8), (17)

Fallbeispiele

Die Hess Natur Textil GmbH verkauft schon seit Mitte der siebziger Jahre Textilien aus natürlichen Rohstoffen. Mit wachsendem Erfolg 2006 soll der Umsatz bereits bei 70 Millionen Euro liegen. Im November 2006 eröffnete Hess einen neuen 950 m2 großen Flagship-Store in Butzbach.
Auch beim Versandhaus Otto sind Naturtextilien gefragt. 600 Tonnen Biobaumwolle wird dort jährlich für die Pure Wear Linie verarbeitet. (11), (18)

Die holländische Marke Kuyichi ist bekannt für hochmodische Jeans und T-Shirts aus ökologisch produzierten Rohstoffen. Außerdem engagiert sich das Label für soziale Belange und leitet einen Teil seiner Gewinne an die Baumwollbauern weiter. 80 000 Meter organischer Denim werden bei Kuyichi jedes Jahr verarbeitet, 5 000 Kilo Pestizide dadurch eingespart. 750 Baumwollbauern in Indien und Peru haben dadurch ein gutes Auskommen. (19, (20)

Weitere Labels, die Öko- oder Social-Wear-Kollektionen anbieten, sind zum Beispiel Misericordia, Loomstate, Edun, American Apperal, Levis, Diesel, Noir, Marc OPolo, Patagonia, Hamnett und Rogan. Eine Adressenliste mit Anbietern findet sich in dem Buch Textil-Fibel 2 von Kirsten Brodde. (3), (8), (19), (20), (21)

Weiterführende Literatur

(1) Wann wird Fair Fashion massentauglich?
aus TextilWirtschaft 52 vom 28.12.2006 Seite 121

(2) Öko in aller Munde/ Gesundheitsbewusste Lebensführung wird den Verbrauchern immer wichtiger
aus Südkurier vom 17.08.2006

(3) Der Engel trägt Noir Prada und andere etablierte Marken haben fair handelnde Konkurrenz bekommen: Junge Ökolabels sind längst angesagter
aus Financial Times Deutschland vom 15.12.2006, Seite WEWE3

(4) Mode und Moral
aus WirtschaftsWoche online vom 2006-02-20

(5) Kleidung: Hersteller entdecken das gute Gewissen

Bio aus der Modeboutique Textilien aus Ökobaumwolle werden bunter, modischer - und sogar von Stars getragen. Auch Otto und Levi's profitieren von dem Trend.
aus Hamburger Abendblatt, 10.01.2007, Nr. 8, S. 24

(6) Mode und Moral: Wer legt Wert auf Socialwear?
aus TextilWirtschaft 52 vom 28.12.2006 Seite 082

(7) „Das ist konsumatorisches Analphabetentum"
aus www.LifeGen.de, 19.12.2006

(8) Bio zieht an
aus TextilWirtschaft 33 vom 17.08.2006 Seite 030

(9) "Bio ist heute Mainstream"
aus TextilWirtschaft 33 vom 17.08.2006 Seite 024

(10) Ausbilden ohne Risiko: Futura GmbH eröffnet neue Wege in der Ausbildung
aus Handelsjournal / Report Nr. 08 vom 15.08.2006 Seite 054

(11) Schick und trotzdem öko // Kleidung aus Biobaumwolle erobert auch in Deutschland die Kleiderschränke
aus Der Tagesspiegel Nr. 19299 VOM 02.09.2006 SEITE B04

(12) O.V., Naturtextilien sind modern, Nassauische Neue Presse, 13.11.2006, S. 1
aus Der Tagesspiegel Nr. 19299 VOM 02.09.2006 SEITE B04

(13) Orientierungshelfer
aus "Konsument" Nr. 01/07 vom 01.01.2007 Seite: 22

(14) Textilien ohne Schadstoffe
aus Berliner Morgenpost, 18.05.2006, Nr. 135, S. 2

(15) Zubehör als wichtiger Bestandteil des Öko-Tex-Zertifizierungssystems Accessories are an important component of the Oeko-Tex-certification system
aus melliand Band- und Flechtindustrie Nr. 02 vom 20.09.2006 Seite 051

(16) IVN: Qualitätszeichen Naturtextil
aus "medianet" Nr. 839/06 vom 07.07.2006 Seite: 26

(17) Hochwertige Naturfaserstoffe im Materialkreislauf
aus melliand Textilberichte Nr. 03 vom 02.03.2006 Seite 160

(18) "Die Staubschicht wird abgepustet"
aus TextilWirtschaft 46 vom 16.11.2006 Seite 033

(19) Fair Fashion auf dem Vormarsch
aus TextilWirtschaft 07 vom 16.02.2006 Seite 030

(20) Cooler Style mit gutem Gewissen
aus werben & verkaufen Nr. 31 vom 03.08.2006 Seite 024

(21) Zweite Haut Socken und Designerstücke aus Biobaumwolle
aus Frankfurter Rundschau v. 08.12.2006, S.43,

Ausgabe: R Region

Impressum

Öko- und Social-Wear - Der neue Trend auf dem Bekleidungsmarkt

Bibliografische Information der deutschen Nationalbibliothek

Die Deutsche Nationalbibliothek verzeichnet diese Publikation in der deutschen Nationalbibliografie; detaillierte bibliografische Daten sind im Internet über http://dnb.d-nb.de abrufbar.

ISBN: 978-3-7379-1472-7

© 2015 GBI-Genios Deutsche Wirtschaftsdatenbank GmbH, Freischützstraße 96, 81927 München, www.genios.de

Alle Rechte vorbehalten. Dieses Werk ist einschließlich aller seiner Teile – z.B. Texte, Tabellen und Grafiken - urheberrechtlich geschützt. Jede Verwertung außerhalb der Grenzen des Urheberrechtsgesetzes bedarf der vorherigen Zustimmung des Verlags. Dies gilt insbesondere auch für auszugsweise Nachdrucke, fotomechanische Vervielfältigungen (Fotokopie/Mikroskopie), Übersetzungen, Auswertungen durch Datenbanken oder ähnliche Einrichtungen und die Einspeicherung und Verarbeitung in elektronischen Systemen.